— LE NOUVEAU MAGASIN DES ENFANTS —

HISTOIRE

DE LA MÈRE MICHEL

ET

DE SON CHAT

PAR

ÉMILE DE LA BÉDOLLIÈRE

VIGNETTES PAR LORENTZ

E. BLANCHARD, éditeur, 78 rue Richelieu, ancienne Librairie HETZEL.

HISTOIRE

DE

LA MÈRE MICHEL ET DE SON CHAT

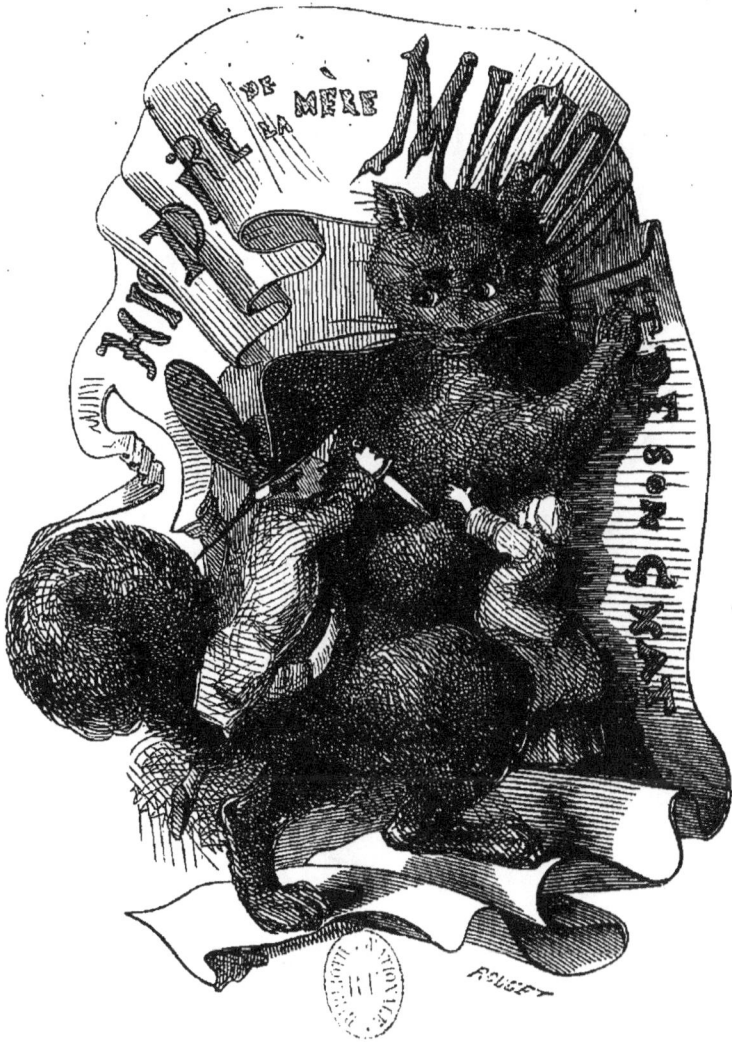

HISTOIRE

DE LA

MÈRE MICHEL

ET

DE SON CHAT

PAR

ÉMILE DE LA BÉDOLLIERRE

VIGNETTES PAR LORENTZ

SECONDE ÉDITION

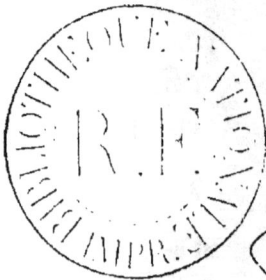

PARIS

ÉDITION J. HETZEL

E. BLANCHARD, RUE RICHELIEU, 78

1853

PARIS. — IMPRIMÉ PAR J. CLAYE ET Cᵉ

RUE SAINT-BENOÎT, 7.

HISTOIRE
DE
LA MÈRE MICHEL
ET
DE SON CHAT

Comment la mère Michel fit la connaissance de son chat.

Il y avait à Paris, sous le règne du feu roi Louis XV, une vieille comtesse qu'on appelait Yolande de La Grenouillère, femme riche en terres et en argent comptant : c'était une respectable dame qui distribuait volontiers des aumônes aux pauvres de Saint-Germain-l'Auxerrois, sa paroisse, et même à ceux des autres quartiers. Son mari, Roch-Eustache-Jérémie, comte de La Grenouillère, était mort glorieusement à la bataille de Fontenoy, le 11 mai

1745. La noble veuve l'avait longtemps pleuré, et le pleurait encore plusieurs fois par semaine. Restée sans enfants, dans un isolement presque complet, elle s'était abandonnée à une bizarre manie, qui ne déparait en rien, il est vrai, ses vertus réelles et ses qualités éminentes : elle avait la passion des animaux ; passion malheureuse, s'il en fut, puisque tous ceux qu'elle avait possédés étaient morts entre ses bras. Le premier en date dans son affection avait été un perroquet vert qui, pour avoir eu l'imprudence de manger du persil, avait succombé à d'effroyables coliques. Une indigestion de croquignoles avait enlevé à madame de La Grenouillère un carlin de la plus belle espérance. Un troisième favori, singe de l'intéressante famille des ouistitis, ayant un soir rompu sa chaîne, alla rôder sur les arbres du jardin, y reçut une averse et gagna un rhume de cerveau qui le conduisit à la tombe.

La comtesse avait eu ensuite des oiseaux de diverses espèces ; mais les uns s'étaient envolés, les autres étaient morts

de la pepie. Accablée de tant de désastres, madame de La
Grenouillère versa beaucoup de larmes. Ses amis, la voyant
inconsolable, lui proposèrent successivement des écureuils,
des serins savants, des souris blanches, des kakatoës ; mais
elle ne voulut rien entendre : elle refusa même un superbe
caniche qui jouait aux dominos, dansait la gavotte, mangeait
de la salade et faisait des versions grecques. « Non, non,

disait-elle, je ne veux plus de bêtes chez moi ; l'air de ma
maison leur est funeste!» Elle avait fini par croire à la fatalité.

2

Un jour qu'elle sortait de l'église elle vit passer une bande d'enfants qui se bousculaient à l'envi en poussant de joyeux éclats de rire. Lorsque, installée dans son carrosse, elle put dominer la multitude, elle reconnut que la cause de ce vacarme était un pauvre chat à la queue duquel des malveillants avaient attaché une casserole. L'infortuné cou-

rait depuis longtemps, sans doute, car il paraissait accablé de fatigue. Voyant qu'il ralentissait sa marche, ses persé-cuteurs formèrent un cercle autour de lui et commencèrent à lui jeter des pierres. Le malheureux chat courbait la tête; certain de n'être environné que d'ennemis, il se résignait à son triste sort avec l'héroïsme d'un sénateur romain. Déjà plusieurs projectiles l'avaient atteint, lorsque madame de La Grenouillère, saisie d'une compassion profonde, des-cendit de sa voiture, fendit la presse et s'écria : « Je donne un louis à celui qui sauvera cet animal ! »

Ces mots produisirent un effet magique ; ils transformè-
rent les bourreaux en libérateurs : le chat faillit être étouffé
par ceux qui se disputaient l'honneur de le recueillir sain
et sauf. Enfin une espèce d'Hercule terrassa ses rivaux,
s'empara du chat et le présenta à demi mort à la comtesse.

« C'est bien, dit-elle : tenez, mon brave homme, voici la
récompense promise. »

Elle lui donna un louis d'or tout neuf qui sortait de la
Monnaie; puis elle ajouta : « Débarrassez ce pauvre animal
de son incommode fardeau. »

Pendant que l'espèce d'Hercule obéissait, madame de La Grenouillère regarda l'être qu'elle venait de sauver. C'était le véritable type du chat de gouttière, et sa laideur naturelle était augmentée par les accidents d'une course longue et irrégulière : ses poils ras étaient souillés de boue ; on distinguait à peine, à travers des mouchetures variées, sa robe grise zébrée de noir. Il était d'une maigreur presque transparente, si efflanqué qu'on lui comptait les vertèbres, si chétif qu'une souris l'aurait abattu ; il n'avait pour lui qu'une seule chose, c'était de la physionomie.

« Mon Dieu, qu'il est laid ! » dit avec conviction madame de La Grenouillère, après avoir terminé son examen.

Au moment où elle montait dans son carrosse, le chat fixa sur elle ses gros yeux vert-de-mer, et lui décocha un regard étrange, indéfinissable, à la fois plein de reconnaissance et de reproche, et si expressif que la bonne dame en

fut brusquement fascinée; elle lut dans ce regard un discours
d'une éloquence prodigieuse. Ce regard voulait dire : « Tu
as cédé à un mouvement généreux; tu m'as vu faible,
souffrant, opprimé, et tu m'as pris en pitié. Maintenant
que ta bienveillance est satisfaite, tu me regardes, et ma
difformité t'inspire du mépris! Je te croyais bonne, mais
tu n'es pas bonne; tu as l'instinct de la bonté, mais tu n'as
pas la bonté. Si tu étais vraiment charitable, tu continue-
rais à t'intéresser à moi par cela même que je suis laid; tu
penserais que mes malheurs viennent de ma mauvaise mine,
et que la même cause, — quand tu m'auras laissé là, dans
la rue, à la merci des méchants, — la même cause, dis-je,
produira les mêmes effets. Va, ne t'enorgueillis pas de ta
bienfaisance incomplète!... tu ne m'as pas rendu service,
tu n'as fait que prolonger mon agonie : je suis un paria, le
monde entier me repousse, je suis condamné à mourir; que
ma destinée s'accomplisse ! »

Madame de La Grenouillère fut émue jusqu'aux larmes;
ce chat lui parut surhumain; — non, c'était un chat : il lui
parut *suranimal !* Elle songea aux mystères de la métemp-
sycose, et s'imagina que ce chat, avant de revêtir sa forme
actuelle, avait été un grand orateur et un homme de bien.
Elle dit à sa dame de compagnie, la mère Michel, qui était
restée dans la voiture :

« Prenez ce chat et emportez-le.

— Eh quoi ! vous l'emmenez ? madame ! repartit la mère Michel.

— Assurément : tant que je vivrai cet animal aura place à mon feu et à ma table: si vous voulez me plaire, traitez-le avec autant de zèle et d'affection que vous me traitez moi-même.

— Madame sera obéie.

— C'est à merveille; et maintenant à l'hôtel !

II

Comment le chat fut installé chez madame de La Grenouillère
et confié aux soins de la mère Michel.

Madame de La Grenouillère habitait une magnifique maison située à l'angle des rues Saint-Thomas-du-Louvre et
des Orties-Saint-Louis ; elle y vivait retirée, à la manière
des patriarches, dans une société presque intime avec ses
deux principaux domestiques : madame Michel, sa femme

de confiance, et M. Lustucru, son maître d'hôtel. Ces serviteurs étant d'un âge assez avancé, la comtesse, qui avait
l'humeur facétieuse, les nommait, l'un le père Lustucru,
et l'autre la mère Michel.

Les traits de la mère Michel portaient l'empreinte des
meilleurs sentiments ; mais autant elle montrait de franchise
et d'abandon, autant le père Lustucru mettait de soin à
dissimuler le fond de ses pensées. L'air patelin du maître-

d'hôtel pouvait abuser les gens sans expérience ; mais, sous le masque de sa fausse bonhomie, les fins observateurs découvraient aisément les inclinations les plus perverses · il y avait de la duplicité dans ses gros yeux bleus, de la colère concentrée dans ses narines, de l'astuce dans le bout de son nez effilé, de la malice dans les contours de ses lèvres. Toutefois cet homme, en apparence du moins, n'avait jamais forfait à l'honneur : il avait su garder les dehors de la probité ; il cachait laborieusement la noirceur de son âme. Sa méchanceté était comme une mine dont on n'a pas encore allumé la mèche : elle attendait une occasion pour éclater.

Lustucru détestait les animaux ; mais, pour flatter les penchants de sa maîtresse, il affectait de les idolâtrer. En voyant la mère Michel apporter dans ses bras le chat délivré, il se dit à lui-même : « Allons, encore une bête ! comme s'il n'y avait pas assez de nous dans la maison ! » Il ne put s'empêcher de lancer au nouveau venu un coup d'œil d'antipathie, puis, se modérant aussitôt, il s'écria avec une feinte admiration : « Ah ! le beau chat ! le joli chat ! ce chat n'a pas son pareil ! »

Et il le caressa de la façon la plus perfide.

« Vraiment ! dit madame de La Grenouillère : vous ne le trouvez pas trop laid ?

— Trop laid ! comment donc ? il a des yeux charmants !
Mais fût-il affreux, en vous intéressant à lui, vous l'auriez
métamorphosé !

— Il m'avait déplu au premier abord.

— Les êtres qui déplaisent au premier abord sont ceux
qu'on aime le plus par la suite, » repartit le père Lustucru
d'un ton sentencieux.

On procéda immédiatement à la toilette du chat, qui,
malgré son horreur instinctive pour l'eau, supporta les
ablutions avec une résignation touchante ; il semblait deviner qu'elles l'embellissaient. Après lui avoir servi un plat

de rogatons, qu'il dévora avidement, on régla tout ce qui

lui était relatif : les heures de ses repas, l'emploi de ses journées, le logement qu'il devait occuper. On songea aussi à lui donner un nom. La mère Michel et le père Lustucru en proposèrent plusieurs d'un assez beau choix, tels que Mistigris, Tristapatte, Ratapon, Rodilardus; mais la comtesse les rejeta tous successivement. Elle désirait un nom qui rappelât les circonstances dans lesquelles le chat s'était trouvé. Un vieux savant, qu'elle consulta le lendemain, lui indiqua celui de *Moumouth*, composé de deux mots hébreux qui signifient *sauvé des casseroles.*

Au bout de quelques jours, Moumouth était méconnaissable : son poil avait été lustré avec soin ; une nourriture succulente avait arrondi ses formes; ses moustaches se dressaient comme celles d'un matamore du dix-septième siècle; ses yeux brillaient comme des émeraudes; c'était une preuve vivante de l'influence du bien-être sur l'amélioration des races. Il devait principalement sa bonne mine à la mère Michel, à laquelle il avait voué une affectueuse reconnaissance; il avait, au contraire, pour le père Lustucru une aversion très-prononcée. Comme s'il eût deviné qu'il avait affaire à un ennemi, il refusait les aliments que lui présentait le maître-d'hôtel; du reste, il le voyait fort peu.

Moumouth coulait des jours heureux, tout lui présageait

un riant avenir ; mais, pareils à l'épée de Damoclès, les chagrins sont toujours suspendus sur la tête des hommes et des chats. Le 24 janvier 1753, on remarqua dans Moumouth une tristesse inaccoutumée : il répondait à peine aux caresses que lui prodiguait madame de La Grenouillère ; il ne mangea point, et passa la journée accroupi au coin du foyer, fixant sur le feu un regard morne et lugubre. Il avait le pressentiment d'un malheur, et ce malheur arriva. Le soir, un courrier expédié du château de La Gingeole, en Norman-

die, apporta à la comtesse une lettre, par laquelle sa sœur cadette lui mandait que, s'étant cassé une jambe en tombant de voiture, elle avait besoin de son unique parente, et la priait d'accourir près d'elle au plus vite. Madame de La Grenouillère était trop sensible et trop bienveillante pour hésiter un seul instant.

« Je partirai demain, » dit-elle.

A ces mots, Moumouth, qui suivait des yeux sa bienfaitrice, fit entendre un miaulement mélancolique.

« Pauvre chat ! reprit la dame attendrie, il faudra me séparer de toi ! Je ne pourrai t'emmener, car ma sœur a le défaut de haïr les animaux de ton espèce : elle prétend qu'ils sont traîtres... Quelle calomnie ! Dans sa jeunesse, elle caressait un jeune chat qui, trop vivement ému de ces marques d'affection, l'égratigna bien involontairement : était-ce de la perfidie ? non, c'était de la sensibilité ; et pourtant, depuis ce jour, ma sœur a juré aux chats une haine éternelle ! »

Moumouth regarda sa maîtresse d'un air qui voulait dire : « Toi, du moins, tu nous rends justice, femme vraiment supérieure ! »

Après un moment de silence et de recueillement, la comtesse ajouta : « Mère Michel, je vous confie mon chat.

— Nous en aurons bien soin, madame, dit le père Lustucru.

— Ne vous occupez pas de lui, je vous prie, interrompit la comtesse : vous savez qu'il vous a pris en grippe, que votre présence seule suffit pour l'irriter : pourquoi? je l'ignore ; mais enfin vous lui êtes insupportable.

— C'est vrai, dit avec contrition le père Lustucru : mais ce chat est injuste, car je l'aime, et il ne m'aime pas.

— Ma sœur est injuste aussi ; les chats l'aiment peut-être, et elle n'aime pas les chats : je respecte son opinion ; respectez celle de Moumouth. »

Après avoir prononcé ces paroles d'un ton ferme, madame de La Grenouillère s'adressa à sa dame de compagnie.

« C'est à vous, la mère Michel, à vous seule que je le confie ; rendez-le-moi sain et sauf, et je vous comblerai de bienfaits : j'ai soixante-cinq ans, vous en avez dix de moins, il est probable que vous me fermerez les yeux...

— Ah ! madame, pourquoi ces tristes idées?

— Laissez-moi achever. Dans la prévoyance d'un malheur, j'avais déjà songé à vous assurer une existence paisible : mais, si vous me conservez Moumouth, je vous ferai une pension de quinze cents livres tournois.

— Ah ! madame, dit la mère Michel d'un ton pénétré, il est inutile d'intéresser mes services : j'aime votre chat de tout mon cœur, et je lui serai toujours dévouée.

— J'en suis convaincue ; aussi je saurai récompenser votre zèle. »

Durant ce colloque, le père Lustucru employait toutes

ses forces à comprimer l'expression de sa jalousie : « Tout
pour elle, et rien pour moi ! se disait-il : quinze cents livres
de rente, c'est une fortune, et elle les aurait !... oh ! non,
elle ne les aura pas ! »

Le lendemain, dès sept heures et demie du matin, quatre chevaux fringants étaient attelés à la chaise de poste qui

devait emmener l'excellente douairière en Normandie. Elle
fit un dernier adieu à son favori, le pressa sur son cœur,
et monta en voiture. Jusqu'alors Moumouth n'avait éprouvé
qu'une vague inquiétude ; mais en ce moment il comprit
tout ! il vit sa bienfaitrice prête à partir, et, tremblant de la
perdre, il s'élança d'un bond auprès d'elle.

« Il faut que tu restes ici, » dit madame de La Grenouillère en s'efforçant de retenir ses larmes.

Le croirait-on? le chat pleurait aussi !

Pour abréger cette pénible scène, la mère Michel saisit
le chat par les épaules, et l'arracha du coussin de la voiture, auquel il se tenait cramponné : la portière se ferma ;
les chevaux donnèrent un vigoureux coup de collier, et se
mirent en route avec une vitesse moyenne de trois lieues à
l'heure ; Moumouth se tordit dans une dernière convulsion,
puis il s'évanouit.

Madame de La Grenouillère, la tête penchée en dehors
de la chaise de poste, agita son mouchoir en criant :
« Mère Michel, je vous recommande mon chat !

— Soyez tranquille, madame, je jure que vous le retrou-
verez gros et gras.

— Et moi, murmura le père Lustucru d'une voix sépul-
crale, je jure qu'il mourra ! »

III

Où se révèlent les bonnes qualités de la mère Michel et la scélératesse
du père Lustucru.

La mère Michel, digne de la confiance qu'on lui avait
témoignée, montra pour Moumouth une tendresse vraiment

maternelle : elle le soigna, le dorlota, le sustenta si bien,
qu'il devint l'un des plus beaux chats du quartier du Lou-
vre, où il y en avait pourtant de magnifiques. Elle veillait
constamment sur lui, lui servait les meilleurs mets, le
couchait sur les plus moelleux édredons. Craignant qu'il ne
fût un jour indisposé, elle voulut connaître les maladies
auxquelles les chats sont habituellement sujets, et se

procura différents ouvrages sur cette matière importante ;
elle poussa même le dévouement jusqu'à lire l'*Histoire des
chats*, par François-Auguste-Paradis de Moncrif, membre
de l'Académie française.

La conduite de la mère Michel n'avait point pour motif
un vil intérêt. Elle ne songeait guère à elle-même, la bonne
vieille ! contente de peu, elle aurait toujours assez pour
vivre : elle ne désirait qu'une chambrette, du pain bis, du
bois pendant l'hiver, et un rouet pour filer ; mais elle avait
des neveux, des nièces, des filleuls, auxquels elle espérait
faire du bien ; c'était à eux qu'elle destinait d'avance les
dons de madame de La Grenouillère.

La prospérité toujours croissante de Moumouth exaspé-
rait le père Lustucru : il voyait avec une sorte d'épouvante
approcher l'heure où la fidèle tutrice allait être récompen-
sée ; il rêvait sans cesse aux moyens de le perdre, de lui

ravir son pupille à quatre pattes, d'attirer sur elle la colère
de leur maîtresse. A force d'entretenir sa haine et son envie par des réflexions solitaires, il en vint à ne plus reculer
devant la perspective d'un forfait.

« Comment, dit-il, purger la maison de ce misérable
chat ? quelles armes employer contre lui ? le fer, le poison,
ou l'eau ?... J'emploierai l'eau ! »

Cette résolution prise, il ne songea plus qu'à l'exécuter. Il était difficile de s'emparer de Moumouth, que la mère Michel perdait rarement de vue, et qui, n'ayant pas la moindre confiance dans le maître-d'hôtel, se tenait constamment sur la défensive. Lustucru guetta pendant plusieurs jours une occasion favorable.

Un soir, après avoir fait un excellent repas, Moumouth s'était pelotonné près du feu du salon, aux pieds de la mère Michel, et dormait du sommeil du juste qui digère : le père Lustucru entra sur ces entrefaites.

« Bon ! dit-il, le chat dort... éloignons la gardienne.

— Que c'est aimable à vous de venir me tenir compagnie ! dit courtoisement la mère Michel : vous vous portez bien, ce soir?

— Parfaitement ; mais tout le monde n'est pas comme moi : notre suisse, par exemple, est dans un état déplorable ; il souffre à l'excès de ses rhumatismes, et serait très-heureux de vous voir un moment. Vous avez de bonnes paroles pour consoler les affligés et d'excellentes recettes pour les guérir : allez donc rendre une petite visite à notre ami Krautman ; je suis persuadé que votre présence le soulagera. »

La mère Michel se leva aussitôt et descendit chez le

concierge, qui éprouvait en effet de violentes douleurs
rhumatismales.

« A nous deux maintenant! » s'écria le père Lustucru.

Il s'avança dans l'antichambre à pas de loup, en mar-
chant sur la pointe des pieds, et prit un panier couvert
qu'il avait caché au bas d'une armoire. Puis il revint auprès
de Moumouth, qu'il saisit brusquement par le cou : l'infortuné, s'éveillant en sursaut, se trouva suspendu dans le
vide, face à face avec le père Lustucru, son ennemi. Dans
cette horrible situation, il voulut crier, se débattre, appe-
ler au secours ; mais il n'en eut pas le temps. L'odieux

maître d'hôtel plongea le pauvre chat dans le panier, assu-
jettit solidement le couvercle, et gagna rapidement l'esca-

lier, les yeux hagards, les cheveux hérissés comme un homme qui commet un crime.

Il faisait une belle nuit de février : un ciel clair, une température sèche et froide ; la lune brillait de tout son éclat, mais par intervalles de gros nuages en cachaient la face et rendaient l'obscurité complète. Le père Lustucru avait à traverser le jardin de l'hôtel pour sortir par une

petite porte dont il s'était procuré la clef : il se glissa de massif en massif, en ayant soin de ne suivre les allées que dans les instants où les ténèbres le favorisaient. Il avait entr'ouvert la porte, quand il entendit au dehors un grand bruit de pas et de voix : il tressaillit involontairement, se tint immobile, et prêta l'oreille.

« Quelle sottise ! dit-il après un moment d'observation silencieuse, j'avais oublié que nous étions en carnaval : ce sont des masques qui passent ! »

C'était, en effet, une bande de masques qui venait du

Palais-Royal. Lustucru attendit qu'ils fussent éloignés, puis il sortit avec précipitation ; dès qu'il fut sur le quai, dans la joie d'avoir réussi, il se mit à siffler un air de gavotte

en battant des entrechats : ses transports rappelaient ceux
du cannibale qui danse autour de sa victime.

Il remonta la Seine jusqu'au pont Notre-Dame, s'arrêta
au milieu, étendit le panier en dehors du parapet, le ren-
versa brusquement, et lança le malheureux Moumouth
dans les eaux glacées du fleuve. Le chat, en franchissant
l'espace, fit entendre un cri qui semblait partir d'une voix
humaine : l'assassin frémit ; mais son émotion fut de courte
durée, et, mettant les mains dans ses poches, il dit d'un
ton de raillerie amère :

« Bon voyage, cher Moumouth, tâche d'arriver à bon

port!... Mais, j'y songe, ajouta-t-il, les chats savent nager ; ce brigand est capable de se tirer d'affaire ! Bah ! bah ! il y a loin du pont Notre-Dame à la rue Saint-Thomas-du-Louvre ! »

Rassuré par cette réflexion, Lustucru continua sa route, rentra par la porte du jardin, monta avec précaution dans sa chambre, et se tint en embuscade, prêt à jouir des lamentations de la mère Michel. Celle-ci s'était attardée chez le suisse ; elle en sortit pour donner à son chat la tasse de lait sucré qu'elle lui servait tous les soirs.

Elle monta dans le salon à pas comptés, calme et ne prévoyant aucune catastrophe. Lorsqu'elle n'aperçut plus Moumouth à la place qu'il avait occupée, elle crut simplement qu'il s'était blotti derrière les coussins du sofa ; elle chercha dessus et dessous, visita sous les autres meubles, et courut dans l'escalier en appelant : « Moumouth ! Moumouth ! »

« Il ne me répond point, dit-elle : mais, quand je suis descendue, Lustucru était auprès de lui ; peut-être va-t-il m'en donner des nouvelles. »

Elle frappa aussitôt à la porte du maître d'hôtel, qui eut l'air de se réveiller d'un profond sommeil, et demanda d'un ton bourru ce qu'on lui voulait.

« Moumouth n'est pas ici ?

— Est-ce que votre chat vient jamais chez moi? vous savez qu'il ne peut pas me souffrir.

— Hélas! où est-il? Je l'ai laissé au salon, près du feu, et je ne le retrouve plus!

— Serait-il perdu? dit le père Lustucru, feignant la plus vive anxiété.

— Perdu! oh! non, c'est impossible! il est dans quelque coin de la maison.

— Il faut le chercher, dit gravement le fourbe, il faut le chercher à l'instant même; Moumouth est une bête précieuse qui mérite bien qu'on réveille pour lui les domestiques. »

Tous les habitants de l'hôtel furent mis en réquisition;

chacun s'arma d'un flambeau, et l'on fouilla les coins et

recoins, depuis la cave jusqu'au grenier, depuis la cour jusqu'au jardin. Lustucru dirigeait les opérations avec un zèle apparent. Après d'infructueuses recherches, la mère Michel, épuisée d'émotions et de fatigue, se jeta anéantie sur un fauteuil.

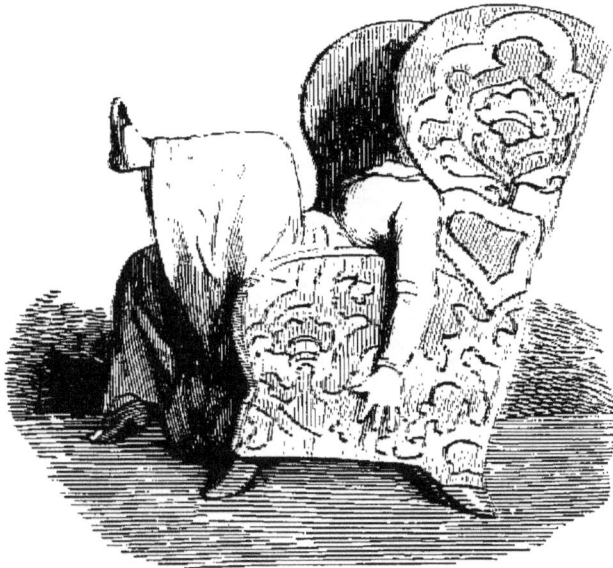

« Hélas! dit-elle, je ne l'ai quitté qu'un instant, et c'était pour une bonne action.

— Je commence à croire que votre chat est définitivement perdu, repartit Lustucru d'un ton sévère : c'est un grand malheur pour vous! Que dira madame de La Grenouillère à son retour? elle est capable de vous chasser!

— Me chasser! » s'écria la mère Michel, se redressant tout à coup de toute la hauteur de sa taille : puis elle s'af-

faissa sur elle-même ; son visage pâlit, ses yeux se fermè-
rent, et elle tomba sans connaissance.

Le père Lustucru la contempla d'un œil sec, sans éprou-
ver le moindre remords : il riait, l'infâme !

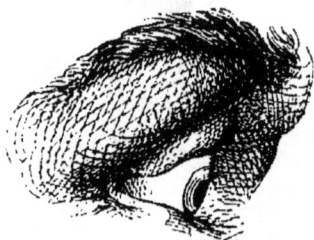

IV

Nous avons perdu de vue Moumouth au moment où, précipité du haut du pont Notre-Dame, il se débattait dans

les flots. Par bonheur pour lui, les piles de l'arche princi-
pale avaient un rebord assez large, auquel il put s'accrocher.
De là il promena ses regards autour de lui : la Seine lui
parut un Océan sans bornes : il crut au-dessus de ses forces

de la traverser. Plutôt que de chercher des rivages qui lui
semblaient devoir fuir devant lui, il préféra demeurer à sa
place, au risque d'y périr de faim ou de froid, ou d'être
enlevé par une vague. Il miaula d'abord en signe de dé-
tresse; mais bientôt, se croyant perdu sans ressource, il
jugea inutile de se fatiguer la poitrine, et attendit les évé-

nements avec la résignation qui faisait la base de son ca-
ractère.

Vers cinq heures du matin, deux rentiers de l'île Saint-Louis, très-grands amateurs de la pêche, vinrent jeter leurs lignes de fond du haut du pont Notre Dame.

« Vous êtes matinal, voisin Guignolet, dit celui qui était arrivé le dernier : il paraît que nous avons eu tous deux la même idée?

— Et nous avons bien fait, voisin Croquemouche : il y a eu de la crue cette nuit, les poissons descendent en masse de la haute Seine, et il faudrait être horriblement maladroit pour n'en pas prendre.

— Voulez-vous conclure un accommodement, voisin Guignolet? pêchons de concert, partageons le butin, et déjeunons ensemble aujourd'hui.

— Tope! » dit M. Guignolet. Et comme tous deux tenaient leur ligne de la main droite, ils se frappèrent réciproquement dans la main gauche afin de sceller le traité.

Moumouth, en voyant descendre ces deux lignes, avait conçu quelque espérance; aussitôt qu'elles furent à sa portée, il s'y cramponna, et les pêcheurs, sentant un poids

inaccoutumé, crièrent à la fois : « Ça mord! ça mord! » puis ils se hâtèrent de tirer les ficelles.

« Je parie que j'ai pris un barbillon, dit M. Guignolet
avec le regret de ne pouvoir se frotter les mains pour
témoigner sa satisfaction.

— Je dois avoir une grosse carpe, » repartit M. Croquemouche.

A peine avait-il achevé sa phrase que Moumouth sauta
sur le parapet.

« Trahison ! » dirent les deux pêcheurs, et ils se mirent
à la poursuite du quadrupède si miraculeusement sorti des
eaux ; mais il courait plus vite qu'eux et leur échappa sans
peine. Dès qu'il fut seul, il reprit haleine, examina les
maisons, et, n'en trouvant pas une qui ressemblât à la
sienne, il conclut naturellement qu'elle n'y était pas. Il fallait pourtant qu'il se procurât un gîte ; grelottant de froid
et haletant de sa course, il ne pouvait rester une minute
de plus dans la rue sans s'exposer à une fluxion de poitrine.
Guidé par la clarté d'un four, il pénétra dans l'atelier sou-
terrain d'un boulanger, se cacha derrière une pile de cor-
beilles à pain, et s'y assoupit paisiblement.

Il fut réveillé par la faim.

Moumouth était né de parents pauvres qui l'avaient
abandonné dès sa plus tendre enfance ; il avait été élevé
dans la rue, contraint de pourvoir lui-même à sa subsis-
tance, formé à l'école du malheur : aussi connaissait-il à

fond l'art de prendre les rats et les souris : art utile, trop souvent négligé par les chats de bonne maison. Il se mit aux aguets, et surprit une souris qui était sortie de son trou pour manger la farine ; il se précipita sur l'imprudente en décrivant ce que les géomètres appellent une parabole, et lui mordit le museau pour l'empêcher de crier. Cette chasse, quoique conduite avec adresse et en silence, attira l'attention d'un jeune mitron.

« Tiens, un chat ! » s'écria l'apprenti en s'armant d'une pelle.

Le maître boulanger tourna les yeux du côté de Mou-mouth, le vit occupé à manger la souris, et dit au jeune mitron : « Ne lui fais pas de mal ; tu vois bien qu'il nous rend service.

— Mais d'où diable sort-il ?

— Que t'importe, pourvu qu'il soit utile ici ? répliqua le boulanger, qui était un homme assez éclairé et avait poussé ses humanités jusqu'en quatrième. « Mange, mange, mon ami, poursuivit-il en se baissant doucement pour caresser Moumouth : croque le plus de souris possible, il en restera toujours trop ! »

Notre chat profita de la permission qui lui était accordée. Après s'être rassasié, il voulut sortir pour chercher l'hôtel de La Grenouillère ; mais le boulanger lui barra le passage.

« Un instant ! dit-il : j'avais besoin d'un bon chat, le ciel me l'envoie, et je ne me pardonnerais pas de le laisser échapper. Holà ! Jacques, ferme avec soin toutes les ouvertures, et, si ce drôle fait mine de se sauver, applique-lui trois ou quatre bons coups de balai. »

Ainsi l'hôte de Moumouth devenait son tyran ; tant il est vrai que l'intérêt personnel déprave les meilleures natures ! Notre chat, comme s'il eût compris ce qui se passait, sauta sans hésiter sur les épaules du mitron, et de là sur la voie publique. Un nouveau danger l'attendait. Surpris de son apparition inattendue, un énorme bouledogue se mit en

arrêt devant lui. Moumouth eût vivement désiré esquiver
une lutte désavantageuse; mais le chien le couvait des yeux,
ne perdait pas un de ses mouvements, allait à droite quand
Moumouth allait à droite, à gauche quand Moumouth allait
à gauche, et grognant toujours d'une voix menaçante; tous
deux se tinrent un instant en observation : le bouledogue,
les pattes tendues, les dents serrées, le corps en arrière;
le chat, la gueule ouverte, le dos hérissé, la tête basse
et penchée en avant. Aucun d'eux ne semblait disposé à

entamer les hostilités. Enfin le chien se rue sur son ad-
versaire; mais celui-ci l'évite adroitement, passe par-
dessus, et se sauve dans la direction du quai; le boule-

dogue lui donne la chasse : ils partent, ils percent la foule
des passants, ils se faufilent entre les voitures ; par un esprit
naturel d'imitation, les chiens errants qu'ils rencontrent
les suivent à la file, si bien qu'au bout d'une minute l'infortuné Moumouth en a plus de trente-sept à ses trousses.

« Je suis perdu, se dit-il, mais du moins je vendrai
chèrement ma vie ! »

Il s'accule contre un mur, se dresse fièrement sur ses
pieds ; grinçant des dents, le poil hérissé, il contemple ses
nombreux ennemis d'un œil si terrible que tous reculent

comme un seul homme. Profitant de leur incertitude, Moumouth se retourne tout à coup et monte le long de la muraille; il est promptement hors de la portée des chiens,
mais il n'est pas encore sauvé : s'il fait un faux pas, si ses
forces l'abandonnent, si le plâtre se détache sous ses griffes, vingt gueules béantes, avides de carnage, sont là pour
l'engloutir dans sa chute!

Cependant la mère Michel avait passé la nuit à gémir :
elle ne pouvait se consoler du départ de Moumouth ; elle
l'appelait sans cesse d'une voix plaintive, et, — s'il faut
en croire la chanson populaire, — on l'entendait crier par
la fenêtre : « Qui est-ce qui me le rendra ? »

Le matin, au lever de la riante aurore, le perfide Lustucru se présenta à la mère Michel pour lui dire : « Eh bien,
ma chère camarade, l'avez-vous trouvé?

— Hélas! non, murmura-t-elle : savez-vous quelque
chose sur son compte?

— Rien de positif, répliqua le maître d'hôtel qui voulait
tourmenter la pauvre femme : mais j'ai rêvé de lui toute la
nuit; il m'est apparu en songe, la figure blême, l'air défait,
comme un chat qui ne se porte pas bien.

— En quel endroit était-il?

— Il m'a semblé qu'il était dans un jardin, au pied d'un
bosquet de lilas. »

Aussitôt la mère Michel courut dans le jardin, où, comme vous le pensez, elle ne trouva point celui qu'elle cherchait. Durant toute la journée, Lustucru se plut à lui donner de fausses joies, suivies d'un redoublement de tristesse.

« La mère Michel, lui disait-il, tout à l'heure, en passant près de l'office, j'ai cru y entendre une espèce de miaulement. »

Et la mère Michel s'empressait de visiter l'office.

Ou bien il arrivait tout essoufflé auprès d'elle, pour lui crier : « Nous le tenons enfin ! Je suis presque certain qu'il est à fureter dans la cave. »

Et la mère Michel s'aventurait sous les voûtes sombres de la cave, où elle ne rencontrait que des rats.

Ce fut vers le soir que Lustucru prononça les paroles dont la chanson populaire nous a transmis le souvenir.

« Allez, la mère Michel,
Vot' chat n'est pas perdu ;
Il est dans le grenier,
Qui fait la chasse aux rats,
Avec un fusil de paille
Et un sabre de bois »

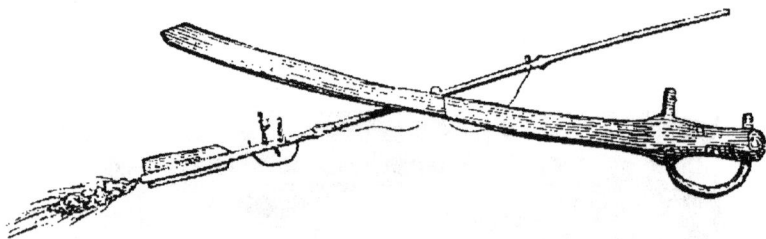

Ces mots étaient empreints d'une raillerie amère dont le père Lustucru n'avait pas su modérer l'expression. Prétendre que Moumouth poursuivait les rats avec un fusil de paille et un sabre de bois, c'était supposer un fait complétement invraisemblable, car on n'a jamais vu aucun chat se servir de pareilles armes. Mais les angoisses de la mère Michel lui avaient tellement troublé l'esprit, qu'elle remarqua seulement ce qui pouvait lui donner une lueur d'espoir.

« Il est dans le grenier ! s'écria-t-elle sans faire attention au reste de la phrase : courons-y, mon cher monsieur ! allons le chercher !... Donnez-moi le bras, car je suis si inquiète, si troublée, si harassée de fatigue, que je n'aurais pas la force de monter. »

Tous deux se rendirent au grenier, et la mère Michel, une lanterne à la main, se promena dans les mansardes et sous les combles. Partout régnaient le silence et la solitude.

« Vous vous êtes encore trompé, murmura la mère Michel.

— Non pas, non pas, répondit le méchant homme; cherchons toujours, et nous finirons par trouver. Nous n'avons pas regardé là-bas, derrière les fagots. »

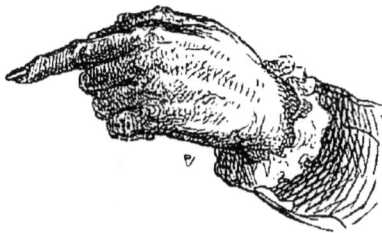

La crédule mère Michel s'avança dans la direction indiquée, et, à la grande stupéfaction de Lustucru, le chat, qu'il croyait noyé, apparut, plein de force et de santé, et fixant sur lui des regards d'indignation.

« C'est lui! c'est bien lui! dit la mère Michel en saisissant Moumouth entre ses bras. Ah! mon cher monsieur Lustucru! mon bon et véritable ami, que je vous remercie de m'avoir conduite ici! »

Le maître d'hôtel n'était guère sensible à des compliments qu'il méritait si peu. Blême, glacé, immobile, il courbait la tête devant sa victime ressuscitée, dont il ne pouvait s'expliquer le salut. C'était pourtant chose toute simple : Moumouth, poursuivi par les chiens, était parvenu à franchir une muraille, et, de gouttière en gouttière, de jardins en jardins, de toits en toits, il avait regagné son domicile; mais, craignant le ressentiment de son ennemi,

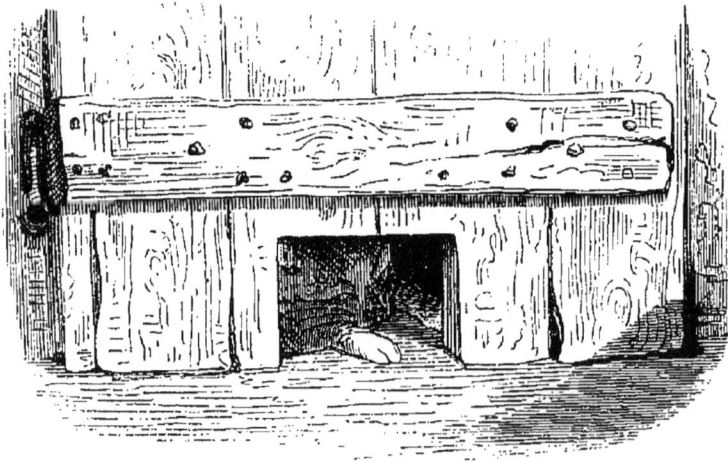

il n'avait pas osé paraître, et s'était caché dans le grenier.

« Suis-je le jouet d'un cauchemar? se dit le père Lustucru. Est-ce réellement ce coquin de Moumouth que j'ai
là sous les yeux, en chair et en os? N'est-ce que son ombre
qui revient pour me tourmenter?... Ce chat est donc le
diable en personne? »

Ce chat n'était pas le diable, mais la Providence avait
veillé sur lui.

AVÉVEILLE LUI

V

Le chat de la mère Michel lutte victorieusement contre son ennemi.

Les événements que nous avons rapportés dessinèrent nettement la position de nos personnages. Craignant de perdre à la fois un chat bien-aimé et les avantages qu'elle ambitionnait, la mère Michel redoubla de vigilance et d'attention. Moumouth, sachant désormais à qui il avait affaire, se promit d'éviter le maître d'hôtel, ou de le combattre, au besoin, des griffes et des dents. Quant au père Lustucru, il suffisait que ses projets eussent été déjoués pour qu'il y persistât avec acharnement ; il voulait maintenant la perte du pauvre et innocent Moumouth, non plus seulement par jalousie pour la mère Michel, mais par inimitié contre le chat lui-même.

« O comble de l'humiliation ! se disait-il avec chagrin.
Je devrais me cacher, me retirer dans un désert, m'enfon-
cer dans les entrailles de la terre !... Quoi ! moi ! Jérôme
Lustucru, homme mûr, homme de savoir et d'expérience,
homme — j'ose le dire — charmant en société,... je suis
vaincu, bafoué, pris pour dupe par un chat de gouttières !...
je le laisse au fond de l'eau, et je le retrouve au haut d'une
maison ! je veux le séparer de sa gardienne, et je contribue
à leur réunion ! je mène la mère Michel au grenier pour la
mieux torturer, et j'y suis témoin de ses transports de joie !
le chat que je crois mort reparaît pour me braver !... Il ne
me bravera pas longtemps ! »

Et le père Lustucru demeura absorbé dans une médi-
tation profonde.

Ce jour-là, Moumouth n'avait pas encore dîné, et il indiquait, par des miaulements expressifs, qu'il mettrait volontiers quelque chose sous la dent. La mère Michel lui dit aussitôt, — car elle lui parlait comme à un être intelligent :

« Patience ! monsieur, on va s'occuper de vous. »

Elle descendit du salon, où elle se tenait habituellement depuis le départ de la comtesse de La Grenouillère, et le chat, qui l'accompagnait, fut visiblement contrarié en lui voyant prendre le chemin de la chambre de Lustucru. Néanmoins, il y entra avec elle, persuadé que, en présence de cette amie fidèle, le maître d'hôtel n'oserait rien entreprendre contre lui.

Au moment où elle frappait à la porte, le père Lustucru venait de prendre sur une planche un papier vert qui portait cette étiquette : *Mort-aux-Rats*.

« Voilà mon affaire, se dit-il en serrant le papier dans sa veste ; la *mort-aux-rats* doit être aussi de la *mort-aux-chats* ; notre cher Moumouth en fera l'essai... » « Qu'y a-t-il pour votre service, ma bonne dame Michel ?

— Il est cinq heures, monsieur Lustucru, et vous oubliez mon chat.

— Moi, l'oublier ! dit le maître d'hôtel en joignant les mains, comme s'il eût été douloureusement affecté d'un tel soupçon ; je songeais à lui tout à l'heure... Je vais lui préparer une pâtée si délicieuse,... qu'il n'en voudra jamais d'autres !

— Merci, monsieur Lustucru ; je rendrai compte à madame la comtesse de vos égards pour son favori. J'ai reçu aujourd'hui même une lettre d'elle : elle me mande qu'elle

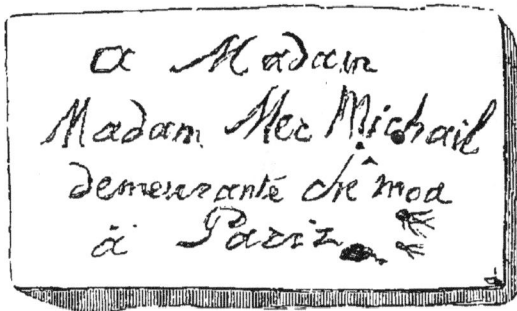

reviendra prochainement, qu'elle espère trouver Moumouth en bon état, et qu'elle me réserve une forte gratification. Vous comprenez ma joie, monsieur Lustucru ! Ma sœur est restée veuve avec quatre enfants, auxquels je fais passer chaque année l'argent de mes petites épargnes; jusqu'à présent ces secours ont été bien peu de chose, mais, grâce aux dons de madame la comtesse, ces pauvres enfants pourront aller à l'école et apprendre un bon métier. »

En prononçant ces paroles, la mère Michel avait les yeux humides et rayonnants de la plus douce joie, celle que l'on goûte à faire ou à méditer de bonnes actions. Pourtant le maître d'hôtel ne fut pas ému. Il s'était si docilement abandonné à ses mauvaises passions, qu'elles le maîtrisaient tout entier, s'étendaient sur toute son âme, et y avaient étouffé par degrés tous les sentiments honnêtes, comme l'ivraie qu'on laisse croître étouffe le bon grain.

On aurait dit que Moumouth comprenait cet homme; il s'approcha de la mère Michel, qui s'était assise pour causer un instant, la supplia des yeux, et la tira par le bas de sa robe, comme pour lui dire : « Allons-nous-en.

— Prends garde ! dit la bonne dame, tu vas déchirer ma robe. »

Moumouth recommença le même manége.

8

« Est-ce que tu voudrais sortir d'ici? reprit la mère Michel.

Moumouth fit plusieurs cabrioles de l'air le plus affirmatif.

« Décidément, ajouta-t-elle, ce chat n'est à son aise que dans le salon. »

Elle se leva et se retira, précédée de Moumouth qui bondissait de joie.

Un quart d'heure après, le maître d'hôtel avait confectionné une pâtée des plus appétissantes, composée de blanc de volaille, de pain de première qualité, et d'autres ingrédients justement estimés des gourmets. Après y avoir introduit une dose notable de mort-aux-rats, il la déposa dans l'antichambre et cria en entr'ouvrant la porte du salon :

« Monsieur est servi. »

En apercevant ce mets délicat, Moumouth eut un fris-
sonnement de plaisir, car — il faut le dire, — il était pas-
sablement gourmand. Il allongea le museau dans l'assiette,
et recula tout à coup en faisant le gros dos; une odeur
nauséabonde et infecte lui montait au nez. Il tourna autour
de l'assiette, flaira de nouveau, et s'éloigna encore. Cet
animal plein de sagacité avait senti le poison.

« Voilà qui est extraordinaire! dit la mère Michel; et
après avoir inutilement présenté l'assiette à son chat, elle
alla trouver Lustucru pour lui faire part de cet incident. Le
traître l'écouta avec une rage concentrée.

« Quoi! dit-il, il a refusé de manger?... C'est que, probablement, il n'avait pas faim.

— Je le suppose, monsieur Lustucru, car votre pâtée a
une mine superbe; je m'en contenterais moi-même, et

j'ai presque envie d'y goûter, pour donner l'exemple à
Moumouth. »

A ces mots, le père Lustucru, malgré son endurcissement, ne put s'empêcher de frémir. Il eut un moment horreur de son crime, et il s'empressa de dire à la bonne femme :

« N'en faites rien, de grâce!

— Pourquoi cela? Est-ce que cette pâtée a quelque chose de malfaisant?

— Non, sans doute, balbutia le père Lustucru; mais ce qui a été préparé pour un chat ne saurait servir de nourriture à un chrétien. Il faut garder son *decorum*, et ne pas ravaler la dignité de la nature humaine. »

La mère Michel se rendit à ce raisonnement, et dit avec une espèce de brusquerie :

« Eh bien, que Moumouth s'arrange! je ne veux pas me plier à toutes ses fantaisies, et je ne lui donnerai pas autre chose! »

Le lendemain, la pâtée était encore intacte. Le maître d'hôtel avait espéré que, pressé par la faim, le chat se jetterait sur l'aliment empoisonné; mais Moumouth savait souffrir; il supporta l'abstinence, vécut de bribes et de croûtes de pain sec, et recula avec terreur toutes les fois que sa gardienne lui présenta le mets fatal, qui demeura enfin oublié dans un coin de l'armoire de l'antichambre.

Le père Lustucru, voyant que sa trame n'avait pas

réussi, fut plus irrité que jamais. Le désir de se débarras-
ser de Moumouth devint chez lui une idée fixe, une passion, une monomanie : il en rêvait le jour et la nuit.
Chaque lettre par laquelle madame de la Grenouillère demandait des nouvelles du chat et réitérait à la mère Michel
la promesse d'une récompense, chaque témoignage d'intérêt donné par la comtesse à ses deux protégés, aiguillon-
nait l'aveugle furie de leur ennemi. Il combinait les machi-
nations les plus infernales pour faire périr Moumouth sans
se compromettre lui-même, et aucune d'elles ne lui paraissait assez sûre, assez expéditive. Enfin il s'arrêta à celle-ci :

Il y avait dans la chambre de la
mère Michel, sur un socle pesant,
un buste en marbre de Louis XIV,
représenté avec une cuirasse romaine
et une perruque entrelacée de lau-
riers. Derrière ce buste était un œil-
de-bœuf, qui donnait sur l'escalier, et
juste au-dessous se trouvait le moelleux coussin qui servait de lit à Moumouth, que la chute du buste aurait

infailliblement assommé, si le buste avait pu s'aviser de
tomber tout seul.

Un soir, Lustucru se glissa sans bruit dans la chambre

de la mère Michel, ouvrit l'œil-de-bœuf en ayant soin de le laisser entre-bâillé, et se retira silencieusement. A minuit, quand tout reposait dans la maison, il prit un de ces longs balais vulgairement appelés *tête-de-loup;* il se plaça dans l'escalier, vis-à-vis de l'œil-de-bœuf, s'appuya fortement le dos contre la rampe, et, à l'aide de sa tête-de-loup, poussa le buste, qui tomba sur le coussin avec un épouvantable

fracas. Le méchant homme avait prévu cet effet de sa ma-nœuvre; c'était pour lui le signal du triomphe et de la mort de Moumouth : cependant, en entendant le buste rou-ler sourdement sur le parquet, il éprouva une terreur pa-nique, et regagna sa chambre d'un pas tremblant.

La mère Michel s'était réveillée en sursaut : elle était

dans une obscurité complète et ne pouvait se procurer de
la lumière, car on n'avait pas encore inventé les allumettes
chimiques allemandes. La surprise et l'effroi lui ôtèrent un
instant l'usage de ses facultés ; puis elle cria : « Au voleur ! »
de toute la puissance de ses poumons. Bientôt toute la
maison fut sur pied ; tous les domestiques accoururent
pour savoir ce dont il s'agissait. Lustucru entra le dernier,

la tête surmontée d'un bonnet de coton, et, pour le reste,
dans le plus simple appareil.

« Que s'est-il donc passé? demanda-t-il.

— Je le vois maintenant, répliqua la dame de compagnie : c'est le buste de Louis XIV qui est tombé.

— Ah bah! dit le père Lustucru en jouant l'étonnement : mais, en ce cas, votre chat a dû le recevoir sur la tête? »

Mais, comme il disait ces mots, Moumouth sortit de dessous le lit, et s'élança auprès de la mère Michel comme pour lui demander aide et protection. Lustucru demeura atterré.

On sait combien les chats ont le sommeil léger; Moumouth, qui avait l'habitude de ne dormir que d'un œil,

s'était levé brusquement en entendant fureter derrière

l'œil-de-bœuf : comme presque tous les animaux, il était curieux, et cherchait à se rendre compte de ce qui l'étonnait ; aussi s'était-il campé au milieu de la chambre pour mieux observer dans quelles intentions une tête-de-loup s'avançait à cette heure indue et par cette route inusitée. Effrayé par la chute du buste, il avait cherché un refuge au fond de l'alcôve.

On donna à la mère Michel un verre d'eau sucrée à la fleur d'oranger pour lui remettre les sens ; on ramassa le grand roi, qui s'était cassé le nez et le menton, et avait perdu dans la bagarre la moitié de sa belle perruque ; puis tout le monde se recoucha.

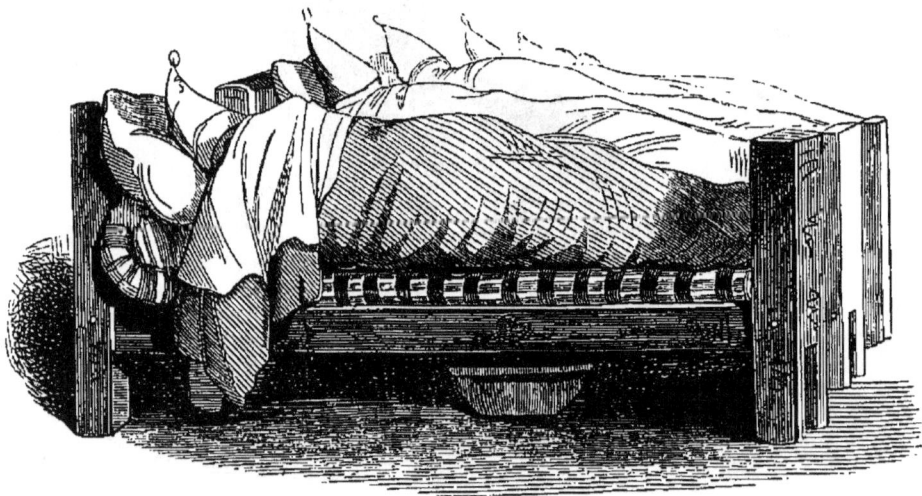

« Encore une fois sauvé ! se dit le père Lustucru : il m'échappera donc toujours! je ne pourrai donc pas l'envoyer *ad patres* avant le retour de la comtesse! La mère Michel aura sa pension de quinze cents livres, tandis que je reste-rai Gros-Jean comme devant! Ce pendard de chat se méfie de moi; tout ce que j'entreprendrai seul échouera contre lui... décidément il me faut un complice! »

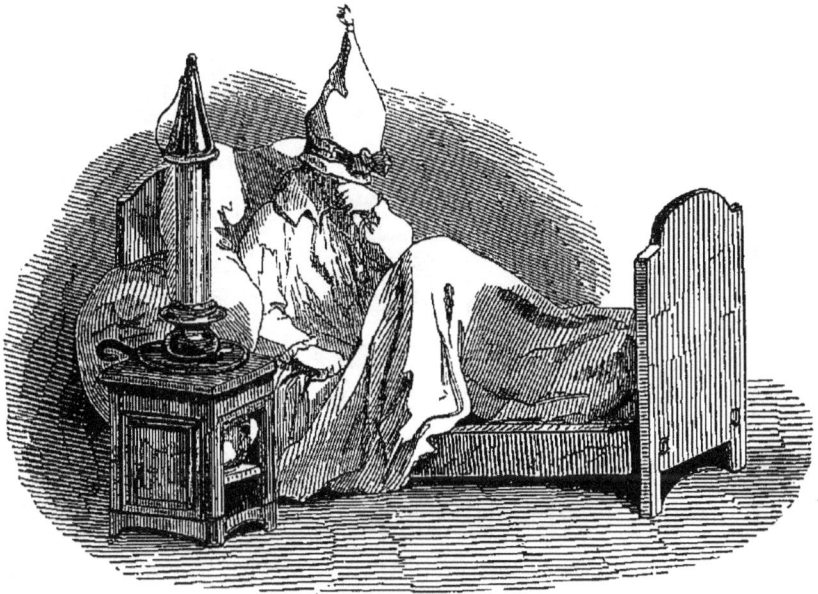

VI

Comment le père Lustucru confia ses odieux projets à Nicolas Faribole.

Le père Lustucru chercha donc un complice. Il avait d'abord pensé à le prendre parmi les domestiques de la maison ; mais il réfléchit que tous étaient dévoués à la mère Michel, qu'ils seraient capables de le vendre, de le faire chasser honteusement de l'hôtel où il occupait un poste si honorable et si lucratif ; pourtant il avait besoin d'un complice. Dans quelle classe, de quel âge, de quel sexe, à quelles conditions devait-il le choisir ? Préoccupé par ces idées, Lustucru sortit un matin, vers six heures vingt-cinq minutes, pour aller se promener sur le quai.

Quand il eut franchi le seuil, il remarqua, de l'autre côté
de la rue, une grande femme, sèche, anguleuse, vêtue de
couleurs vives et discordantes. Cette femme avait les yeux
creux, le teint jaune et cuivré, le nez d'un oiseau de proie,
la figure ridée comme une vieille pomme de reinette. Elle

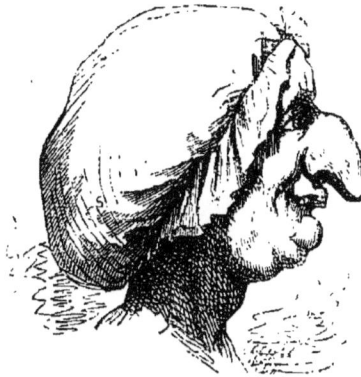

causait avec un garçon d'environ quatorze ans, couvert de
haillons, mais d'une physionomie éveillée et intelligente.
Le père Lustucru crut reconnaître l'étrange vieille, sans se
rappeler où il l'avait vue. S'il avait été moins rêveur, il aurait plus longuement fouillé dans ses souvenirs; mais l'idée
de se défaire du chat l'absorbait entièrement, et il continua
sa route, l'air soucieux, le front penché, les bras croisés
sur la poitrine, les yeux fixés vers la terre, comme s'il en
eût dû sortir le complice qu'il désirait. Il erra ainsi pendant quelque temps, sans que la brise du matin rafraîchît

son sang échauffé par les passions mauvaises, sans que la vue d'un ciel pur et le chant des oiseaux qui se jouaient au bord du fleuve éveillassent en lui ces émotions calmes et douces qu'inspire aux bonnes gens le lever de l'aurore.

Au moment où il rentra, la vieille femme n'était plus là ; mais son jeune interlocuteur était resté à la même place, assis sur une borne, le nez en l'air et contemplant

l'hôtel de La Grenouillère avec une attention soutenue. Lustucru s'approcha de lui, et l'apostropha en ces termes :

« Que fais-tu là, mon gars ?

— Moi ? rien : je regarde cette maison.

— Je le crois sans peine ; mais pourquoi la regardes-tu ?

— Parce que je la trouve belle et que je voudrais bien y demeurer : on doit être heureux là-dedans !

— Mais oui, répliqua le maître d'hôtel avec emphase : on y coule des jours assez fortunés... Quelle est donc cette femme avec laquelle tu causais tout à l'heure ?

— C'est madame Bradamor.

— Madame Bradamor, la fameuse tireuse de cartes, qui demeure là-bas, à l'autre bout de la rue ?

— Précisément.

— Tu la connais ?

— Un peu ; je fais quelquefois des commissions pour elle.

— Ah ! ah !... Et que te disait cette vieille sorcière ?

— Elle me disait que si je pouvais entrer dans l'hôtel en qualité de domestique, j'aurais une existence agréable.

— Madame de La Grenouillère est absente, mon petit ami ; et d'ailleurs sa maison est au grand complet.

— Quel dommage ! » reprit le jeune garçon en poussant un profond soupir.

Le père Lustucru fit quelques pas comme pour rentrer, posa la main sur le marteau de la porte, puis il se retourna et revint brusquement près de l'enfant :

« Comment t'appelles-tu ?

— Nicolas Langlumé, comme mon père ; mais je suis

plus généralement connu sous le sobriquet de Faribole.

— Quel est ton état?

— Je n'en ai pas : mon père travaille sur le port, et moi, je vis au jour le jour, gagnant mon pain comme je le puis. Je fais des commissions; je débite des hannetons, des merles et des pierrots; je ramasse dans les ruisseaux des clous que je vends sur le quai de la Ferraille, j'ouvre les portières des carrosses de place; je pêche des bûches dans la Seine, je chante des couplets sur le Pont-Neuf, j'allume des lampions à la fête du roi, et je joue quelque-fois les monstres au théâtre du sieur Nicolet. Tous ces mé-

tiers-là, monsieur, n'en valent pas un seul bon, et j'ai bien du mal à manger tous les jours.

— Tu m'intéresses, repartit le père Lustucru, et j'ai bien envie de te faire une position dans le monde. Dis-moi, Faribole, as-tu du goût pour la cuisine?

— Parbleu! j'aime les bons morceaux; mais mes moyens ne me permettent pas...

— Je ne te demande pas si tu es gourmand, maroufle; je te demande si tu as du goût, des dispositions pour faire la cuisine?

— Je ne sais pas; je n'ai jamais essayé.

— Eh bien, Faribole, je te donnerai des leçons; viens, suis-moi : je t'équiperai et t'entretiendrai à mes frais en attendant l'arrivée de madame de La Grenouillère. C'est une bonne femme, elle te gardera sans doute; mais, dans le cas contraire, ton éducation sera commencée et tu pourras te placer ailleurs.

— Vous êtes donc de la maison de madame la comtesse?

— Je suis son maître d'hôtel! » dit fièrement le père Lustucru.

Les yeux de Faribole étincelèrent de plaisir; il s'inclina respectueusement devant M. le maître d'hôtel, et lui dit avec effusion :

« Que de reconnaissance je vous devrai! »

Faribole fut installé le jour même, et cordialement ac-

cepté par les autres serviteurs du logis. C'était un garçon de bonne humeur, serviable, alerte, et, quoiqu'il fût gauche sous ses nouveaux habits et dans ses nouvelles fonc-

tions, il montrait beaucoup de bonne volonté.

« Faribole, dit quelques jours après le maître d'hôtel à son protégé, il est bon de t'instruire des allures de la maison. Il y a ici un individu tout-puissant qui règne en maître souverain, dont on suit les volontés, dont on prévient les caprices, et cet individu c'est un chat. Si tu veux te faire bien venir de tout le monde, il faut tâcher de plaire au

chat Moumouth; si le chat Moumouth t'accorde son affection, tu auras par ricochet celles de madame de La Grenouillère et de sa dame de compagnie, la mère Michel.

— Le chat sera mon ami, et je serai l'ami du chat, »
répondit le jeune drôle avec assurance.

En effet, il accabla Moumouth de tant de prévenances,
de caresses, de bons procédés, que celui-ci, quoique naturellement défiant, conçut un vif attachement pour Fari-

bole : il le suivait avec plaisir, l'agaçait, l'invitait par de
vives gambades à badiner avec lui. La mère Michel était
presque jalouse du petit garçon; le père Lustucru, qui
avait ses vues, riait sous cape et se frottait les mains.

Un soir, il manda Faribole dans sa chambre, dont il
ferma soigneusement la porte après s'être bien assuré que
personne ne prêtait l'oreille : « Moumouth est ton ami, lui
dit-il; tu as parfaitement suivi mes recommandations.

— Je resterai attaché à la maison, n'est-ce pas? demanda l'enfant.

— Probablement; tu t'y trouves donc bien?

— Sans doute, moi qui vivais de pain noir, je fais quatre bons repas par jour; j'avais une méchante blouse trouée
et des culottes rapiécetées, et maintenant je suis vêtu
comme un prince, je ne souffre plus du froid, et, au lieu
de coucher à la belle étoile, je m'endors tous les soirs
dans un excellent lit, où je rêve de pains d'épice et de

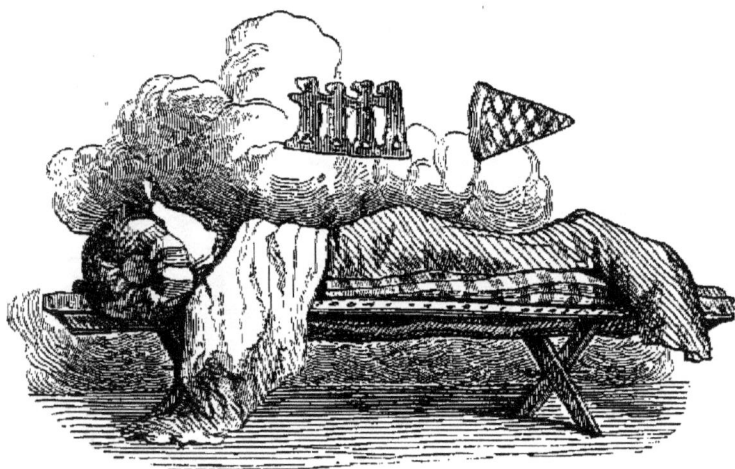

gâteaux à la frangipane. »

Le père Lustucru appuya son menton sur la paume de
sa main droite, et fixa sur Faribole des yeux perçants en
lui disant : « S'il te fallait reprendre la vie vagabonde à
laquelle je t'ai soustrait?

— Je crois que j'en mourrais de chagrin !

— Tu ferais donc tout pour conserver ta position actuelle?

— Je ferais tout.

— Tout?

— Tout absolument.

— Eh bien, voici ce que j'exige impérieusement de toi :
Moumouth te suit volontiers ; tu l'attireras demain dans le
jardin à la nuit tombante ; tu le mettras dans un sac que
j'ai fabriqué tout exprès, tu serreras les cordons du sac....

— Et puis? dit Faribole qui ouvrait de grands yeux.

— Nous nous armerons chacun d'un bâton, et nous ta-
perons sur le sac jusqu'à ce que mort s'ensuive.

— Jamais! jamais! s'écria le pauvre garçon, dont les
cheveux se hérissaient d'épouvante.

— Alors fais ton paquet bien vite et va-t'en ; je te chasse !

— Vous me chassez ! reprit le jeune Faribole en levant les mains au ciel.

— Je ne t'accorde pas cinq minutes pour décamper ; tu dépends de moi ici, uniquement de moi ! »

Le malheureux Faribole se mit à pleurer, et le maître d'hôtel ajouta avec un accent farouche : « Allons, pas de grimaces ! quitte tes habits, reprends tes guenilles, et disparais. »

Après avoir prononcé ces mots, Lustucru tira d'une armoire les misérables vêtements que portait Faribole le jour de son installation ; il les saisit dédaigneusement entre le pouce et l'index, et les jeta sur le parquet. L'enfant regarda d'un air désolé les habits dont il était couvert, les compara à ceux qu'il lui fallait reprendre, et, la comparaison n'étant pas en faveur de ces derniers, il poussa des sanglots déchirants. Pourtant il était décidé à ne pas acheter sa belle parure au prix d'un meurtre et d'une horrible perfidie. Il ôta résolument sa veste, puis son gilet ; mais, à l'idée de renoncer à ses souliers neufs, pour marcher pieds nus, comme autrefois, dans des chemins émaillés de graviers et de verres cassés, l'infortuné Faribole eut un moment d'hésitation, et le père Lustucru, qui l'observait

fixement, profita de la circonstance en diplomate con-
sommé

« Imbécile, dit-il, tu refuses le bonheur, tandis qu'il te
serait si facile de le conserver. Si je te proposais la mort
d'un homme, je concevrais, j'approuverais même tes scru-
pules; mais je te propose celle d'un chat, d'un simple chat !
Que trouves-tu là de si terrible? Qu'est-ce que c'est qu'un
chat? rien, moins que rien; on n'attache pas le moindre
prix à la vie des chats : les cabaretiers en font manger à
leurs pratiques, les médecins les plus célèbres en massa-
crent des centaines dans leurs expériences. On fait si peu
de cas des chats que, lorsqu'une mère en met au monde
sept ou huit, on n'en garde qu'un seul, et l'on jette le
reste dans la rivière.

— Mais Moumouth est grand, Moumouth'est tout élevé,
dit Faribole d'un ton plaintif : et puis, vous ne savez pas,
je l'aime.

— Tu l'aimes! tu oses l'aimer! s'écria le maître d'hôtel
avec une rage inexprimable : eh bien, moi, je le déteste;
je veux qu'il meure !

— Mais que vous a-t-il donc fait?

— Que t'importe? je veux qu'il meure ! voilà tout.

— Grâce pour lui! dit Faribole en se jetant aux pieds de
l'implacable Lustucru.

« — Point de grâce! répondit Lustucru d'une voix sif-
flante, tant il avait les dents serrées; point de grâce, ni
pour lui, ni pour toi! Allons! pars, décampe à l'instant
même! Il pleut à verse : tu seras trempé, tu mourras de
froid cette nuit... tant mieux! »

Une pluie battante, mêlée de grêlons, fouettait les vitres
de la chambre, et le vent s'engouffrait avec des mugisse-
ments lugubres dans les longs corridors de l'hôtel. Alors le
pauvre Faribole songea au froid qui allait le saisir, aux pri-
vations qui l'attendaient, à l'exiguïté de ses ressources, à
l'immensité de son appétit, au désagrément de coucher
sur les grèves humides de la Seine : le génie du mal s'empara de lui, et lui souffla à l'oreille ces mots du père Lustucru : « Qu'est-ce qu'un chat? »

« Monsieur Lustucru, dit-il en pleurant, ne me renvoyez
pas, je ferai tout ce que vous voudrez.

— Demain, à la chute du
jour, tu attireras Moumouth
dans le jardin?

— Oui, monsieur Lustucru.

— Tu le mettras dans ce
sac?

— Oui monsieur Lustucru.

— Et tu frapperas avec moi? »

La réponse à cette question se fit longtemps attendre :
Faribole pâlit, ses jambes se dérobèrent sous lui ; enfin il
courba la tête en laissant pendre ses bras le long de son
corps, comme s'il eût fléchi sous le poids de sa destinée,
et murmura d'une voix éteinte :

« Oui, monsieur Lustucru. »

VII

Où le père Lustucru est au comble de ses vœux et le chat de la mère Michel dans une fâcheuse position.

Lustucru avait fixé le lendemain pour l'exécution définitive de Moumouth, parce qu'il savait que la mère Michel devait ce jour-là porter aux messageries les épargnes qu'elle destinait à sa sœur.

Pendant toute la journée, Faribole fut plongé dans un sombre abattement, et, lorsque l'heure fatale eut sonné, ses irrésolutions de la veille l'assaillirent. Quand la mère Michel, avant de sortir, lui dit : « Je te confie Moumouth ; tu en auras soin, et tu le feras jouer pour qu'il ne s'ennuie

11

pas trop en mon absence ; » le brave garçon sentit son
cœur défaillir, et sa loyauté naturelle se révolta.

« Allons, nous n'avons pas une minute à perdre, vint
lui dire le père Lustucru : voici le sac ; va chercher la
bête !... »

Faribole implora encore la pitié du maître d'hôtel : il fut
éloquent, il eut des larmes dans la voix, il prononça un
plaidoyer des plus pathétiques, mais sans pouvoir gagner
sa cause. Le bourreau fut inébranlable, il renouvela ses
menaces, il exigea la mort du chat ; et Faribole, dominé
par le malin esprit, se vit forcé d'obéir.

Moumouth se laissa entraîner dans le jardin ; il suivit
son perfide ami avec la confiance de la brebis qui suit le
boucher, et, au moment où il y pensait le moins, il se vit
enfermer dans le sac qui devait être son tombeau. Lustucru,

qui s'était caché, parut brusquement portant deux énormes
triques, en offrit une à son complice, et s'empara du sac
en disant : « Allons, à l'œuvre, et point de quartier ! »

Faribole ne l'entendait pas ; il était frappé de stupeur :
ses yeux hagards tournoyaient dans leurs orbites ; son
visage était livide, sa bouche béante, son bras sans force.
Le père Lustucru, animé par l'espoir d'une vengeance pro-
chaine, ne remarqua point ce qui se passait dans l'âme de
son compagnon ; après avoir jeté rudement le sac à terre,
il leva son bâton, et allait frapper, quand la petite porte du
jardin s'ouvrit.

« Fâcheux contre-temps ! murmura-t-il : Faribole, en-
fonce-toi dans la charmille ; je vais t'y retrouver bientôt. »
Et, s'étant approché de la personne qui venait d'entrer, il
s'arrêta pétrifié à l'aspect de la mère Michel. Il s'imagina
d'abord qu'elle était ramenée par de vagues soupçons, par
un pressentiment instinctif ; mais il se rassura en lui entendant dire :

« Je suis obligée d'ajourner ma course, car je viens d'a-
percevoir le carrosse de madame de La Grenouillère ; elle
va faire un détour, à cause des travaux de pavage qu'on
exécute dans la rue, et j'ai pu la devancer en rentrant par
la petite porte : venez, monsieur Lustucru , venez vite à la
rencontre de notre bonne maîtresse.

— Je vous suis, madame, dit le maître d'hôtel ; puis,
se faisant un porte-voix avec la main, il cria à Faribole :
Frappe tout seul ! frappe jusqu'à ce que le chat ait cessé de
remuer ! » et il rejoignit la mère Michel dans la grande
cour, où tous les domestiques étaient déjà rangés en ligne,
comme un bataillon bien discipliné.

En descendant de voiture, madame de La Grenouillère
honora ses serviteurs d'un regard de bienveillance, em-
brassa sa dame de compagnie avec une touchante familia-
rité, et lui demanda des nouvelles de Moumouth.

« Votre protégé se porte à merveille, dit la mère Michel :
il engraisse et embellit à vue d'œil ; mais on peut dire,
sans blesser la vérité, que ses qualités morales l'emportent
encore sur ses agréments physiques.

— Pauvre ami, s'il ne m'aimait pas, ce serait un monstre d'ingratitude! car depuis notre séparation j'ai constamment songé à lui : le ciel m'a ravi bien des êtres qui m'étaient chers, mais Moumouth sera la consolation de mes vieux jours! »

Sitôt que la comtesse eut donné les ordres que nécessitait son arrivée, elle pria la mère Michel de lui amener Moumouth. Celle-ci répondit : « Il sera charmé de vous revoir, madame; il est dans le jardin, sous la garde de Faribole, petit jeune homme que votre maître d'hôtel a jugé à propos d'admettre ici : ce drôle et le chat sont devenus une paire d'amis intimes. »

La dame de compagnie se rendit au jardin, et n'y trouva que Faribole, assis sur un banc et effeuillant d'un air préoccupé une branche de buis qu'il tenait à la main.

« Mon ami, dit la bonne femme, madame la comtesse désire que tu lui apportes Moumouth.

— Moumouth! bégaya Faribole en tressaillant à ce nom, comme s'il eût été piqué par une guêpe.

— Oui, Moumouth; je croyais qu'il était avec toi.

— Il vient de me quitter; des passants ont fait dans la rue un bruit qui l'a effrayé, et il s'est sauvé dans la charmille. »

La mère Michel, après avoir passé plus d'une demi-heure à parcourir le jardin, revint dire à madame de La

Grenouillère : « Moumouth est absent, madame, mais soyez sans inquiétude : il a déjà disparu une fois, et nous l'avons retrouvé dans le grenier.

— Qu'on le fasse chercher ! je ne veux pas attendre ; je désire le voir sur-le-champ. »

Hélas ! ce vœu ne pouvait guère être accompli, s'il fallait s'en rapporter aux paroles qu'échangeaient dans l'ombre Lustucru et son complice.

« Eh bien, as-tu frappé ?

— Oui, monsieur Lustucru, j'ai frappé jusqu'à ce que le chat ait cessé de remuer.

— Qu'as-tu fait de son cadavre ?

— Je l'ai porté dans la Seine.

— Était-il bien mort ?

— Il ne bougeait plus.

— D'ailleurs le sac était fermé avec soin : justice est faite !

VIII

La mère Michel à la recherche de son chat.

Plusieurs jours se passèrent dans une pénible attente ; mais, comme le général Malborough, le chat Moumouth ne revint pas. Le désespoir de madame de La Grenouillère fut vrai, profond, sans cris, sans éclat, d'autant plus violent qu'il était concentré. Elle se rappelait sans cesse les gentillesses de Moumouth, son bon naturel, son attachement pour elle, son intelligence supérieure. Jamais animal ne lui avait offert un ensemble d'aussi brillantes · qualités; jamais un de ses précédents favoris ne lui avait causé d'aussi amers regrets. Généreuse dans l'infortune, elle n'adressait point de reproches à la mère Michel; elle cherchait, au contraire, à calmer cette pauvre femme, qui s'abandonnait sans réserve à la douleur. Elle lui disait un soir : « Que pouvez-vous contre un mal irrésistible? la sagesse de l'homme consiste à ne pas se regimber contre le malheur, à se soumettre aux décrets du ciel.

— Je suis de votre avis, répliqua la mère Michel : si je croyais, comme vous, au décès de Moumouth, je me résignerais sans murmures; mais j'ai l'idée qu'il vit encore : je me le représente errant par la ville, en butte aux mauvais traitements, aux casseroles peut-être d'une multitude effrénée...

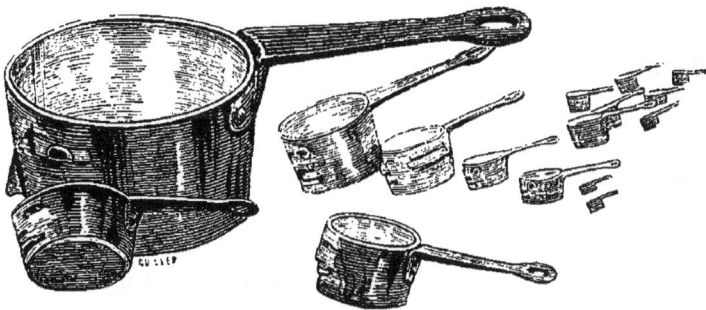

— Allez, vous vous abusez, mère Michel; Moumouth est mort, autrement il serait revenu près de nous.

— Quelque chose me dit qu'il est toujours de ce monde, et si madame la comtesse voulait avoir de ses nouvelles, elle n'aurait qu'à s'adresser...

— A qui donc?

— A notre voisine, madame Bradamor, cette célèbre tireuse de cartes qui prédit l'avenir, enlève les taches de rousseur, lit dans le livre des destinées, et guérit du mal de dents.

— Fi donc, mère Michel! Comment vous, qui êtes une femme sensée, pouvez-vous avoir confiance dans les jongleries d'une intrigante!

— Mais, madame, je ne suis pas la seule; les plus grands seigneurs rendent visite à madame Bradamor: elle est plus savante et moins chère que ses compagnes, et ne demande que vingt écus pour vous faire voir le diable Astaroth.

— Assez, de grâce, » répondit sèchement la comtesse.

La mère Michel se tut; mais son parti était pris, et, dès qu'elle eut un moment de liberté, elle courut chez la nécromancienne. Celle-ci habitait un appartement spacieux et richement meublé, car elle gagnait beaucoup d'argent à tromper le public : des tentures de velours noir, semées d'étoiles de clinquant, tapissaient son cabinet de consultations; au centre, sur une table carrée, se dressaient des obélisques de fer-blanc peint, des bouteilles de Leyde, des cornues, et divers instruments de physique dont la prétendue sorcière ne connaissait pas même l'usage, mais qu'elle avait placés là pour imposer aux esprits faibles qui venaient la consulter. Elle montra d'abord quelque em-

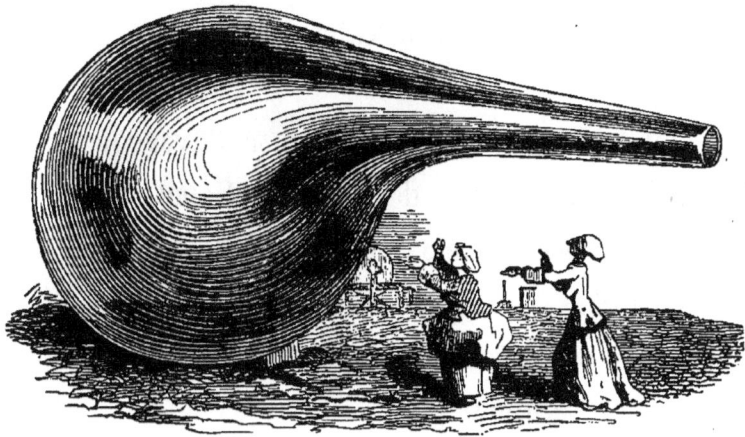

barras à l'aspect de la mère Michel ; cependant, après avoir fermé une porte vitrée qui communiquait à d'autres pièces, elle revint saluer sa nouvelle cliente, et dit d'un ton so-lennel :

— Que désirez-vous?

— Interroger le présent, le passé et l'avenir.

— Je suis à même de vous satisfaire, repartit madame Bradamor ; mais c'est le *grand jeu* que vous demandez, et cela vous coûtera trois écus.

— Les voici ; je vous les donne de grand cœur. »

Madame Bradamor, tout en regrettant de ne pas avoir exigé davantage, empocha l'argent et commença en ces termes :

— Quel est le mois et le quantième de votre naissance?

— Le 24 mai 1698.

— Quelles sont les premières lettres de votre prénom, de votre nom et du lieu de votre naissance?

— A, R, M, N, L, S. »

Madame Michel s'appelait Anastasie Ravageot; elle était, depuis douze ans, veuve de François Michel, en son vivant *essayeur de beurre salé* à la halle de Paris; elle était née à Noisy-le-Sec.

« Quelle est la fleur de votre choix?

— Le topinambour. »

Après ces questions d'usage, la pythonisse examina du marc de café versé dans une soucoupe, et dit : : « Phalda-rus, génie des choses occultes, m'apprend que vous êtes à la recherche d'un être qui vous est cher. »

La mère Michel bondit de surprise sur sa chaise. Madame Bradamor ajouta : « Cet être n'est pas un homme; c'est un quadrupède, un chien ou un chat... Ariel, esprit céleste, me révèle que c'est un chat. »

La mère Michel était de plus en plus satisfaite; sans lui donner le temps de se remettre, la devineresse prit un paquet de cartes, les battit, les donna trois fois à couper, les disposa sur la table dans un ordre symétrique, et dit gravement :

« Votre chat est le valet de trèfle; voyons ce qui lui arrive. Un, deux, trois, quatre : dix de pique! Il est coureur, il a la manie des voyages, il se met en route la nuit pour voir les curiosités de Paris. Un, deux, trois, quatre : la dame de pique! C'est une femme qui fabrique des fourrures d'hermine avec la peau des chats. Un, deux, trois, quatre : le valet de pique! C'est un chiffonnier. Un, deux, trois, quatre : le roi de pique! C'est un restaurateur. La réunion de ces trois personnes m'épouvante. Un, deux, trois, quatre : du trèfle! Un, deux, trois, quatre, encore du trèfle! Un, deux, trois, quatre : toujours du trèfle! Votre chat

rapportera de l'argent à ces trois personnes : le chiffonnier veut le tuer pour en vendre la peau à la fourreuse et le corps au restaurateur, qui l'offrira à ses pratiques en guise de lapin sauté. Le chat saura-t-il se soustraire à ses persécuteurs? Un, deux, trois, quatre : sept de pique! C'en est fait, madame, votre chat n'existe plus!

— Ils l'ont mangé, les anthropophages! » s'écria la
mère Michel atterrée par cette révélation, et elle crut entendre un miaulement plaintif, dernier cri d'agonie de
Moumouth; mais ce n'était pas une illusion : un chat avait
miaulé; il miaulait encore dans la chambre voisine. Un car-
reau de la porte vitrée fut tout à coup brisé en éclats, et
Moumouth en personne tomba aux pieds de la mère Michel.

Du haut d'une armoire, il avait aperçu sa gardienne affec-
tionnée, l'avait appelée à plusieurs reprises; et, comme
elle ne lui répondait pas, dans son délire, il s'était précipité contre la porte, au travers de laquelle il venait de se
frayer un passage.

« Mon chat était chez vous! dit la mère Michel : vous

l'aviez volé! Mais ma maîtresse est puissante; ma maîtresse est la comtesse Yolande de La Grenouillère : elle
vous fera châtier comme vous le méritez! »

En proférant ces menaces, la dame de compagnie mit
Moumouth sous son bras et se prépara à sortir. Madame
Bradamor l'arrêta en lui disant : « Ne me perdez pas, je
vous en conjure! je n'ai pas volé votre chat.

— Mais comment se trouve-t-il chez vous?

— Je le tiens d'un petit garçon nommé Faribole; il m'a
livré ce chat, que je désirais avoir depuis longtemps, et
qui, par sa forme bizarre, par sa tournure en quelque sorte
surnaturelle, pouvait figurer avec succès dans mes conjura-
tions cabalistiques : voilà la vérité, toute la vérité; je
vous en supplie, que votre maîtresse ne m'inquiète pas!

— Madame la comtesse agira comme elle l'entendra, »
répondit avec hauteur la mère Michel; et elle disparut avec
son chat. Elle ne fit qu'un pas de la maison Bradamor à
l'hôtel; on eût dit qu'elle possédait les bottes de sept lieues

du Petit-Poucet. Elle ne s'arrêta que dans le salon, où elle arriva haletante et sans pouvoir prononcer un seul mot; elle montra Moumouth à madame de La Grenouillère. Celle-ci, en reconnaissant l'animal, poussa un cri de joie si retentissant, qu'on l'entendit jusque sur la place du Carrousel.

Lustucru assistait à cette scène touchante; à l'aspect du chat, il fut tellement abasourdi, que sa raison s'égara un moment. Il s'imagina que ce chat, tant de fois sauvé, était un être fantastique, capable de parler comme les bêtes des contes de fées, et il se dit en frissonnant :

« Je suis perdu, Moumouth va me dénoncer! »

CONCLUSION.

Satisfaisante pour tous, excepté pour le coupable.

Dès que madame de La Grenouillère eut appris comment on avait recouvré Moumouth, elle ordonna de faire comparaître devant elle le jeune Faribole.

« Je vais l'aller chercher, dit avec empressement le père Lustucru, qui désirait prévenir son complice et cherchait un prétexte pour s'esquiver.

— Non, restez! vous l'avez admis dans la maison, vous l'en verrez chasser, et vous apprendrez à mieux placer désormais votre confiance. »

Lustucru resta, et, revenu de sa première stupeur, il résolut de nier effrontément si Faribole osait l'accuser.

Introduit au salon, Faribole alla au-devant d'un interrogatoire : « Madame la comtesse, dit-il, la présence de votre chat me fait deviner pourquoi vous m'avez appelé ; mais je suis moins coupable que je ne le parais : permettez-moi de m'expliquer.

— A quoi bon ? répliqua madame de La Grenouillère : votre justification est impossible. »

Le maître d'hôtel crut devoir payer d'audace, et dit avec ironie : « Je serais curieux de savoir quelle fable invraisemblable ce polisson va vous débiter ; » et, en accentuant ces mots avec lenteur, il regarda Faribole d'un air qui signifiait : « Si tu m'accuses, malheur à toi ! »

Sans se laisser déconcerter, Faribole commença en ces termes : « Il faut l'avouer, madame, je suis entré dans l'hôtel avec l'intention de voler votre chat; la tireuse de cartes avait envie de l'avoir pour lui faire jouer le rôle du diable Astaroth, et elle m'avait séduit par la promesse d'un écu de six livres et d'une paire de sabots. On me traita si bien, Moumouth me parut si gentil, que je renonçai à mes coupables projets; jamais, non, jamais, je ne les aurais mis à exécution, si je n'avais compris qu'il fallait éloigner Moumouth pour le dérober aux tentatives d'un ennemi d'autant plus terrible qu'il était caché.

— De qui veut-il parler? demanda Lustucru.

— De vous! de vous qui m'avez dit : « Tue Moumouth, ou je te chasse! »

— Moi, j'ai dit cela! quel impudent mensonge!... Ah! madame la comtesse, vous me connaissez assez pour ne pas hésiter entre les déclarations de ce drôle et mon démenti formel.

— Faribole, dit sévèrement la comtesse, ce que vous avancez est grave; en pouvez-vous fournir la preuve?

— La preuve! hélas! non, madame; mais je suis prêt à vous attester...

— Il suffit, interrompit la comtesse; n'ajoutez pas la calomnie au vol du chat et délivrez-moi de votre présence. »

Le pauvre Faribole voulut protester ; mais sur un signe de madame de La Grenouillère, Lustucru le saisit par le bras, le mit à la porte sans autre forme de procès, et le houspilla dans l'escalier de manière à lui ôter la fantaisie de demander son reste.

Toutefois les iniquités du maître d'hôtel ne devaient pas rester longtemps impunies : le jour même, la mère Michel, en rangeant l'armoire de l'antichambre, fut fort étonnée d'y trouver trois cadavres de rats et de souris ; elle se demandait comment ils avaient succombé, lorsqu'elle reconnut la fameuse pâtée que le chat avait refusé de manger et qu'on avait laissée là par mégarde. Deux souris étaient mortes dans l'assiette même, tant le poison était violent et subtil ! Cette découverte déchira le voile qui couvrait le passé de Lustucru. La mère Michel, devinant que les accusations de Faribole étaient fondées, s'empressa d'avertir madame de La Grenouillère, qui lui recommanda le silence, et fit venir le maître d'hôtel.

« Avez-vous encore de la *mort-aux-rats?* lui dit-elle.

— Oui, madame, il doit m'en rester un peu.

— Il faudra en mettre dans l'antichambre; vous n'y aviez pas encore songé?

— Jamais, madame; j'ignorais qu'il y eût des rats dans cette partie de la maison.

— C'est bien, vous pouvez vous retirer. »

Madame de La Grenouillère écrivit à un célèbre chimiste, qui, après avoir analysé la pâtée, déclara qu'elle con-

tenait une quantité prodigieuse de poison. Le crime de
Lustucru était donc évident ; mais d'autres charges s'éle-
vèrent bientôt contre lui. L'aventure des sieurs Croquemouche et Guignolet s'était répandue parmi les mariniers ;
Faribole l'apprit de l'un d'eux, et découvrit un témoin qui
avait vu Lustucru jeter le chat du haut du pont Notre-
Dame. Le maître d'hôtel, confondu, n'attendit pas qu'on
le congédiât ; il s'enfuit, et, pour éviter la vengeance de
madame de La Grenouillère, il s'embarqua en qualité de
cuisinier sur un navire marchand qui partait pour l'Océanie.

On apprit plus tard que ce bâtiment avait fait naufrage
sur la côte des îles Sandwich, et que des sauvages avaient
mangé Lustucru. L'histoire rapporte qu'au moment d'ex-

pirer, il ne prononça qu'un seul nom, celui de Moumouth!
Mais qu'est-ce qui amenait ce nom sur les lèvres du coupable? Était-ce le remords? était-ce seulement la dernière
explosion d'une haine impitoyable? Voilà ce que l'histoire
a négligé de nous apprendre.

La santé de madame de La Grenouillère avait été altérée
par les vives secousses qu'elle avait jadis éprouvées en per-
dant ses animaux favoris. La tendresse et les grâces de
Moumouth auraient peut-être suffi pour la rattacher à
la vie. Mais cette respectable dame avait atteint un âge
où les chagrins ne pardonnent guère. La mère Michel eut
la douleur de la trouver morte un matin dans son lit; son
visage d'ailleurs était si calme et portait si bien l'empreinte
de toutes ses bonnes qualités, qu'on eût pu croire qu'elle
dormait. Elle allait entrer dans sa soixante-dix-neuvième
année.

Par son testament, qu'elle avait déposé chez son no-
taire, elle avait assuré à Moumouth et à sa dame de compagnie une rente de deux mille livres, reversible, en cas
de mort de l'un des légataires, sur le dernier survivant.

La mère Michel se retira près de sa sœur, dont elle
établit avantageusement tous les enfants, et choisit pour
asile une jolie maisonnette située au Bas-Meudon, sur le
bord des eaux, entre de grands massifs de verdure.

Faribole, réintégré dans l'hôtel, avait fait oublier son
erreur passagère par une conduite irréprochable. Il aurait
pu faire son chemin dans la cuisine; mais il préféra servir
l'État, et s'enrôla à l'âge de seize ans dans un régiment

d'infanterie. Il prit part à l'expédition de Majorque, sous
les ordres du maréchal de Richelieu, et fut nommé caporal
après la prise de Port-Mahon, le 29 juin 1756. Lorsqu'il
eut obtenu son congé, il revint vivre auprès de la mère

Michel, à laquelle il avait voué une affection vraiment fi-
liale. Aux agitations de leur existence, succédèrent des
jours calmes et paisibles, dont le cours fut embelli par les
qualités toujours croissantes de Moumouth.

Notre chat ne connut plus désormais aucun ennemi; il
se concilia, au contraire, l'estime et l'affection de tous ses
concitoyens. Ses aventures l'avaient mis à la mode. Outre
la chanson, dont il ne nous reste malheureusement que
deux couplets, les poëtes du temps écrivirent en son
honneur bon nombre de quatrains qui ne sont pas perve-
nus jusqu'à nous. On le chanta dans toutes les langues,
y compris le syriaque et le bas-breton. Il reçut la visite des
hommes les plus distingués de l'époque, et du roi lui-
même, qui s'arrêta un moment près de lui en se rendant
au château de Bellevue. Une grande dame de la cour dai-
gna choisir à Moumouth une compagne fort douce et fort
jolie, qu'il accepta avec reconnaissance. Il ne tarda pas à
être père; ce qui mit le comble à son bonheur, et à celui
de la mère Michel, car l'excellente femme se sentait re-
naître dans la postérité de son chat.

Vous désirez peut-être savoir ce que devint ensuite Moumouth? Il mourut!... mais ce ne fut qu'après une longue
et heureuse carrière. Ses yeux, en se fermant, purent errer
avec une douce satisfaction sur les groupes éplorés de ses

enfants et de ses petits-enfants. Ses dépouilles mortelles
ne furent pas traitées comme celles des chats vulgaires. La
mère Michel lui fit élever un magnifique mausolée de marbre blanc. Suivant un usage alors adopté pour la sépulture

de tous les personnages illustres, on grava sur le tombeau

14

de Moumouth une épitaphe composée par un savant professeur de l'université de Paris.

HOC JACET IN TUMULO, MULTIS VIRTUTIBUS INGENS,
FELES, APUD GALLOS MOUMOUTHI COGNOMINE NOTUS,
RANIPARÆ COMITIS, NE NECNON MICHOELIS AMORES;
QUEM LUSTUCRUTUS QUIDAM, PRAVISSIMUS HOSTIS,
FLUCTIBUS, ARSENICO, VOLUIT BACULOQUE NECARE.
AT DEUS OMNIPOTENS SOLIO VIGILABAT AB ALTO;
INNOCUI VINDEX; SONTEM PROSTRAVIT INIQUUM,
ET MOUMOUTHUS TANDEM, POST ASPERA FATA TRIUMPHANS,
EXTINCTAM AUSPICIIS VITAM DECURRIT AMŒNIS.
MAGNO VALDE POTES PLANCTU LUGERE, VIATOR,
NAMQUE SEQUANENSI MOUMOUTHUS REQUIESCIT IN ORA,
QUONDAM PRÆCLARUS, SED NUNC CINIS ATQUE FAVILLA.

Cette épitaphe étant en vers latins, comme nos savants lecteurs ont pu en juger, nous allons en donner une traduction presque littérale, afin qu'elle ne soit pas perdue par nos lectrices.

Ce monument contient, sous sa voûte funèbre,
L'illustre chat Moumouth si justement célèbre,
Mais qui doit accuser des maux qu'il a soufferts
Un certain Lustucru vomi par les enfers.
Le ciel sut déjouer les noires perfidies
Que, pour perdre Moumouth, le monstre avait ourdies,
Et le chat put enfin dérouler à loisir
Des jours de soie et d'or tissés par le plaisir.
Arrête-toi, passant, et laisse en paix descendre
Les larmes de tes yeux sur cette froide cendre,
Sur ces restes glacés d'un animal charmant,
De la mère Michel l'amour et le tourment.
Puisse-t-il accepter l'hommage de nos rimes!
C'était un simple chat : mais des vertus sublimes
Le mirent au niveau des plus fameux mortels,
Et dans la vieille Égypte il eût eu des autels.

TABLE DES CHAPITRES.

—

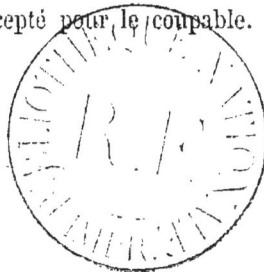